EL MAR Y TU

El mar y tú

otros poemas

julia de burgos

1981

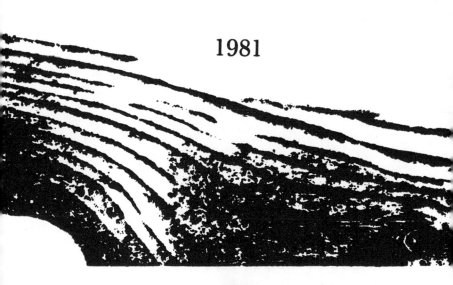

ediciones *huracán*

Primera edición: 1954
Segunda edición: Ediciones Huracán, 1981

Portada y diseño gráfico: J.A. Peláez

Impreso y hecho en Estados Unidos de América/
Printed and made in United States of America

Número de Catálogo Biblioteca del Congreso/
Library of Congress Catalog Number: 81-68710
ISBN: 0-940238-46-2

INDICE

Primera Parte

Velas sobre el pecho del mar

Segunda Parte

Tercera Parte

Otros poemas

Primera parte

Velas sobre el pecho del mar

Poema de la cita eterna

Lo saben nuestras almas,
más allá de las islas y más allá del sol.
El trópico, en sandalias de luz, prestó las alas,
y tu sueño y mi sueño se encendieron.

Se hizo la cita al mar... tonada de mis islas,
y hubo duelo de lirios estirando colinas,
y hubo llanto de arroyos enloqueciendo brisas,
y hubo furia de estrellas desabriéndose heridas...
Tú, y mi voz de los riscos, combatían mi vida.

Se hizo al mar tu victoria, sobre palmas vencidas...

Fue paisaje en lo inmenso,
una imagen de mar casi riachuelo,
de río regresando,
de vida, de tan honda, atomizándose.
Y se dió cita eterna la emoción.

El mar, el verdadero mar,
casi ya mío...
el mar, el mar extraño
en su propio recinto...
el mar
ya quiere ser el mar sobremarino...

El mar, tonada entretenida de mis islas,
por traerse una flor de la montaña,
se trajo mi canción en un descuido,
mi canción más sencilla,
la canción de mis sueños extendidos.

Sobre el mar, sobre el tiempo,
la tonada, la vela...
La cita eterna, amado,
más allá de los rostros de las islas que sueñan.

En el pecho del viento van diciendo los lirios,
que en el pecho del mar dos auroras se besan.

El mar y tú

La carrera del mar sobre mi puerta
es sensación azul entre mis dedos,
y tu salto impetuoso por mi espíritu
es no menos azul, me nace eterno.

Todo el color de aurora despertada
el mar y tú lo nadan a mi encuentro,
y en locura de amarme hasta el naufragio
van rompiendo los puertos y los remos.

¡Si tuviera yo un barco de gaviotas,
para sólo un instante detenerlos,
y gritarle mi voz a que se batan
en un sencillo duelo de misterio!

Que uno en el otro encuentre su voz propia,
que entrelacen sus sueños en el viento,
que se ciñan estrellas en los ojos
para que den, unidos, sus destellos.

Que sea un duelo de música en el aire
las magnolias abiertas de sus besos,
que las olas se vistan de pasiones
y la pasión se vista de veleros.

Todo el color de aurora despertada
el mar y tú lo estiren en un sueño
que se lleve mi barco de gaviotas
y me deje en el agua de dos cielos.

No hay abandono

Se ha muerto la tiniebla en mis pupilas,
desde que hallé tu corazón
en la ventana de mi rostro enfermo.

¡Oh pájaro de amor,
que trinas hondo, como un clarín total y solitario,
en la voz de mi pecho!
No hay abandono...
ni habrá miedo jamás en mi sonrisa.

¡Oh pájaro de amor,
que vas nadando cielo en mi tristeza...!
Más allá de tus ojos
mis crepúsculos sueñan bañarse en tus luces...

¿Es azul el misterio?

Asomada en mí misma contemplo mi rescate,
que me vuelve a la vida en tu destello...

Proa de mi velero de ansiedad

¡Si fuera todo mar,
para nunca salirme de tu senda!

¡Si Dios me hiciera viento,
para siempre encontrarme por tus velas!

¡Si el universo acelerara el paso,
para romper los ecos de esta ausencia!

Cuando regreses, rodará en mi rostro
la enternecida claridad que sueñas.
Para mirarte, amado,
en mis ojos hay público de estrellas.

Cuando me tomes, trémulo,
habrá lirios naciendo por mi tierra,
y algún niño dormido de caricia
en cada nido azul que te detenga.

Nuestras almas, como ávidas gaviotas,
se tenderán al viento de la entrega,
y yo, fuente de olas, te haré cósmico...
¡Hay tanto mar nadando en mis estrellas!

Recogeremos albas infinitas,
las que duermen al astro en la palmera,
las que prenden el trino en la alondras
y levantan el sueño de las selvas.

En cada alba desharemos juntos
este poema exaltado de la espera,

y detendremos de emoción al mundo
al regalo nupcial de auroras nuestras.

Sobre la claridad

Sobre la claridad,
cruzando mar etéreo con remos de rocío,
ensimismadamente,
con dos alas al pecho del sol,
mi amor contigo y tu alma camina.

Hacia el rincón perdido donde comienza el viento...
A la remota playa que no conoce aún su novio de ola.
Hacia el color de un mundo que no ha tenido cuna de pupilas.

Hacia la sed de sueño,
hacia el sueño,
hacia el sueño en azul
donde trepida toda eternidad...

¿No puedes con tu nombre?
¡Arrójalo al sendero,
que siquiera retoñe en ansiedades!

¿Te molestan los pies, como raíces?
¡Házte un tallo de pasos, y abre el cielo!

¿Qué la razón te abate?
Dile tú a la razón que eres el orbe,
y que si vas demente,
te acompaña la risa de los montes.

¡Vámonos con la vida sobre la claridad!

¡Por aquel agujero va la muerte!

Presencia de amor en la isla

(En Trinidad, Cuba)

Aquí mi corazón dice "te amo"...
en la desenfrenada soledad de la isla
saliéndose en los ojos tranquilos del paisaje.

El mar asciende a veces la lápida del monte.
Es allá cielo verde, como queriendo auparse hasta mis manos.
La loma no ha crecido más alto que una espiga.
La tierra mira y crece.
Van detrás de los trinos saludando los pájaros,
aquí mi corazón, cabalgando el paraje,
dice "te amo" en el verde lenguaje de los bosques.

Recuerdo que me hablaron una vez las estrellas
de un rincón enterrado, sin mirada y sin viaje,
algo así como un mundo detenido en su historia,
como un trino extraviado, como un ala sin ave.

Aquí quieren palomas detenerme el camino...
centinelas ardientes de un pasado inviolable.
Una paz retraída me columpia el espíritu,
y mis pasos se tumban, como muertos, al aire.
Entre el monte y el mar, por escala de estirpe.
¡Trinidad!, de leyenda me saludan tus calles.

Aquí mi corazón, desandándose el tiempo,
dice "te amo" en la sombra legendaria del valle.
Para mirarnos suben sus pupilas insomnes,
cuatro siglos de auroras tirándose al paisaje.

Cantar marinero

¡Una vela!
¡Una vela nadando en el mar!
¿Es el mar que ha salido a mirarme,
o es mi alma flotando en el mar?

¡Una ola en la vela!
¡Una ola en la vela del mar!
¿Es mi amor que se trepa en el viento,
o es tu vida en las alas del mar?

¡Una vela! ¡Una ola! ¡Dos sueños
entre el cielo y el pecho del mar!
¿Es que el sol se ha calzado de espumas,
o es que somos los brazos del mar?

¡Una vela! ¡Una ola! ¡Un naufragio
en las blancas espaldas del mar!
No hay un puerto que pueda alojarnos...
¡Remaremos el barco del mar!

Casi alba

Casi alba,
como decir arroyo entre la fuente,
como decir estrella,
como decir paloma en cielo de alas.

Esta noche se ha ido casi aurora,
casi ronda de luna entre montañas,
como una sensación de golondrina
al picar su ilusión en una rama.

Amanecer, sin alas para huirse,
regreso de emoción hasta su alma,
palomitas de amor entre mis manos
que al asalto de amor subieron castas.

Noche rasgada al tiempo repetido,
detenida ciudad de esencias altas,
como una claridad rompes mi espíritu,
circundas mi emoción como una jaula.

Amor callado y lejos...
tímida vocecita de una dalia,
así te quiero, íntimo,
sin saberte las puertas al mañana,
casi sonrisa abierta entre las risas,
entre juego de luces, casi alba...

Donde comienzas tú

Soy ola de abandono,
derribada, tendida,
sobre un inmenso azul de sueños y de alas.
Tú danzas por el agua redonda de mis ojos
con la canción más fresca colgando de tus labios.
¡No la sueltes, que el viento todavía azota fuerte
        por mis brazos mojados,
y no quiero perderte ni en la sílaba!

Yo fuí un día la gaviota más ave de tu vida.
(Mis pasos fueron siempre enigma de los pájaros.)
Yo fuí un día la más honda de tus edades íntimas.
(El universo entero cruzaba por mis manos.)
¡Oh día de sueño y ola...!
Nuestras dos juventudes hacia el viento estallaron.
Y pasó la mañana,
y pasó la agonía de la tarde muriéndose en el fondo de un lirio
y pasó la alba noche resbalando en los astros,
y pasó la extasiada juventud de la aurora
        exhibiéndose en pétalos
y pasó mi letargo...
Recuerdo que al mirarme con la voz derrotada,
las dos manos del cielo me cerraron los párpados.

Fué tan sólo una ráfaga,
una ráfaga húmeda que cortó mi sonrisa
y me izó en los crepúsculos entre caras de espanto.
Tú nadabas mis olas retardadas e inútiles,
y por poco me parto de dolor esperando...

Pero llegaste, fértil,

más intacto y más blanco.
Y me llevaste, épico,
venciéndote en tí mismo los caminos cerrados.

Hoy anda mi caricia
derribada, tendida,
sobre un inmenso azul de sueños con mañana.
Soy ola de abandono,
y tus playas ya saltan certeras, por mis lágrimas.

¡Amante, la ternura desgaja mis sentidos...
yo misma soy un sueño remando por tus aguas!

Canción hacia adentro

¡No me recuerdes! ¡Siénteme!
Hay sólo un trino entre tu amor y mi alma.

Mis dos ojos navegan
el mismo azul sin fin donde tú danzas.

Tu arcoiris de sueños en mí tiene
siempre pradera abierta entre montañas.

Una vez se perdieron mis sollozos,
y los hallé, abrigados, en tus lágrimas.

¡No me recuerdes! ¡Siénteme!
Un ruiseñor nos tiene en su garganta.

Los ríos que me traje de mis riscos,
desembocan tan sólo por tus playas.

Hay confusión de vuelos en el aire...
¡El viento que nos lleva en sus sandalias!

¡No me recuerdes!, ¡Siénteme!
Mientras menos me pienses, más me amas.

Azul a tierra en tí

Parece mar, el cielo
donde me he recostado a soñarte...

Si vieras mi mirada,
como un ave, cazando horizontes y estrellas.

El universo es mío desde que tú te hiciste
techo de mariposas para mi corazón.

Es tan azul el aire cuando mueves tus alas,
que el vuelo nace eterno, en repetida ola sin cansancio.

No sé si en ola o nube abrirme la ternura
para rodarme al sueño donde duermes.

Es tan callado el viento,
que he podido lograrte entre los ecos.

Soy toda claridad para estrecharte...

Te he visto con los ojos vivos como los ojos abiertos
        de los bosques,
figurándome en risas y quebradas nadando hasta el océano.

Te he recogido en huellas de canciones marinas
donde una vez dejaste corazones de agua enamorados.

Te he sacado del tiempo...

¡Cómo te he levantado en un lirio de luz

que floreció mi mano al recordarte!

¿Por qué me corre el mar?

Tú eres vivo universo contestándome...

El regalo del viento

Me dijeron golondrina...
Se soltaron las auroras, castas como gotas de invierno,
            hasta mi nueva claridad.
No hubo quien le dijera adiós al último mensaje de la nube.
Era mi vida una vanguardia alada de brisas conteniendo
            los arroyos del cielo.
A mis pies, desbordado, vagaba el universo...

Tú ibas sordo de brumas,
adyacente a tí mismo, y sin saberlo,
como una retaguardia de luz por mi sendero.
Nadabas en las noches sobre todos mis pétalos,
y aún no eras posible...
Mis trenzas enlazaban las vértebras inermes
            de tus sueños cansados.
Hasta quise prestarte mis alas intercósmicas
para verte en los ojos margaritas y estrellas.

Tú ibas lento de espacio,
adyacente a tí mismo,
en mansa retaguardia de luz por mi sendero.
Aún no eras posible....
El viento huracanado te acercaba a mi sueño.

¡Aquello era agonía!

Más allá iban mis brisas destrenzando los vientos.
¿Qué castidad de selva evitaba a tus brazos
            desnudarse en mis cielos?
¿Qué mariposa núbil no hubiera destrozado sus alas esperándote?

¿Por qué mi voz delante, durmiendo a las estrellas,
cuando el amor llamaba a mis espaldas?

Aquello era agonía...

Más tarde, un golpecito de luz, como paloma,
se irguió desde mis párpados y tropezó tu vida.
Se oyó sobre los aires
como un desplazamiento de auroras y de remos.
Una quietud de nido me sujetó las manos,
y se me fueron riendas, y carruajes, y vuelos.

El viento, huracanado,
se quitó las sandalias,
y las puso en tu pecho...

Naufragio

El sol está nadando con mi nombre en el mar...
Me he quedado desnuda,
fija,
crepuscularia,
y estoy en tí.

Alguien quiso volar mis alas.
Preguntadle a mi amado,
dónde se están secando del naufragio del sol.

¿Que mi camino es mío?

¡Sí todos los caminos son míos,
todos los que comienzan en el pecho de Dios!

Víctima de luz

Aquí estoy,
desenfrenada estrella, desatada,
buscando entre los hombres mi víctima de luz.

A tí he llegado.
Hay algo de universo en tu mirada,
algo de mar sin playa desembocando cauces infinitos,
algo de amanecida nostalgia entretenida en imitar palomas...

Mirarte es verme entera de luz
rodando en un azul sin barcos y sin puertos.

Es inútil la sombra en tus pupilas...
Algún soplo inocente debe haberse dormido en tus entrañas.

Eres, entre las frondas, mi víctima de luz.
Eso se llama amor, desde mis labios.

Tienes que olvidar sendas,
y disponerte a manejar el viento.

¡A mis brazos, iniciado de luz,
víctima mía!

Pareces una espiga debajo de mi alma,
y yo, pleamar tendida bajo tu corazón.

Velas sobre un recuerdo

Todo estático,
menos la sangre mía, y la voz mía,
y el recuerdo volando.

Todo el lecho es un cántico de fuego
echando a andar las ondas del reclamo.
La misma pared siente
que ha bajado a llamarte entre mis labios.

¡Qué grandioso el silencio de mis dedos
cuando toman el verso de los astros,
que se cuelan en rápidas guirnaldas
para esculpirte en luces por mis brazos!

Va gritando tu nombre entre mis ojos,
el mismo mar, inquieto y constelado.
Las olas más infantes te pronuncian,
al girar por mis párpados mojados.

Todo es ternura ágil por mi lecho,
entre cielos y ecos conturbados.
Con tu sendero vivo en mi flor íntima,
he movido lo estático...

Rompeolas

Voy a hacer un rompeolas
con mi alegría pequeña...
No quiero que sepa el mar,
que por mi pecho van penas.

No quiero que toque el mar
la orilla acá de mi tierra...
Se me acabaron los sueños,
locos de sombra en la arena.

No quiero que mire el mar
luto de azul en mi senda...
(¡Eran auroras mis párpados,
cuando cruzó la tormenta!)

No quiero que llore el mar
nuevo aguacero en mi puerta...
Todos los ojos del viento
ya me lloraron por muerta.

Voy a hacer un rompeolas
con mi alegría pequeña,
leve alegría de saberme,
mía la mano que cierra.

No quiero que llegue el mar
hasta la sed de mi poema,
ciega en mitad de una lumbre,
rota en mitad de una ausencia.

Ronda sobremarina por la montaña

—Almamarina... almamarina...
Eso me dijo el viento cuando le dí la mano en la montaña.

—Si yo me llamo... no sé como me llamo.
¿No ves allá mi nombre colgando de los pétalos,
pronunciado en los frescos "buenos días" del arroyo,
o abriéndose en el vuelo de alguna golondrina?

—Almamarina...
Eso me dijo el viento ruborizándose en mis ojos,
nervioso,
enamorándome.

—Pero si soy de la montaña...
—Almamarina...
—Pero si ya le dí mi corazón al río...
—Almamarina...
Y me tomó en los brazos,
anegando de océanos mi nombre.

—Almamarina...
—¿Por qué has parado el orbe?
—Almamarina...
—¿Por qué has retado al risco, salvaje?
—Almamarina...
—¿Por qué pintas mi nombre de azul?
—¡Déjame verde!
Y me rasgó, la risa de los bosques.

—Almamarina...

Hubo luego, en silencio, como un desplazamiento
de una niña de agua en la sed de los valles.
La voz sobremarina se irguió sobre los cerros,
y partió para siempre con la niña en el talle.

Mi senda es el espacio

Para hallarte esta noche las pupilas distantes,
he dominado cielos, altamares, y prados.
He deshecho el sollozo de los ecos perdidos...
tengo el hondo infinito jugando entre mis manos.

Siénteme la sonrisa. Es el último sueño
de una espiga del alba que se unió a mi reclamo...
Yo quiero que adelantes en espíritu y alas
mi canción enredada de trinos y de pájaros.

Te esperaré la vida. Levántame el ensueño.
Mírame toda en ascuas. Recuéstate en mis labios.
¡Tan simple, que en mitades iguales de armonía,
se rompieran a un tiempo tus lazos y mis lazos!

Vuélvete la caricia. No quiero que limites
tus ojos en mi cuerpo. Mi senda es el espacio.
Recorrerme es huirse de todos los senderos...
Soy el desequilibrio danzante de los astros.

Canción amarga

Nada turba mi ser, pero estoy triste.
Algo lento de sombra me golpea,
aunque casi detrás de esta agonía,
he tenido en mi mano las estrellas.

Debe ser la caricia de lo inútil,
la tristeza sin fin de ser poeta,
de cantar y cantar, sin que se rompa
la tragedia sin par de la existencia.

Ser y no querer ser... es la divisa,
la batalla que agota toda espera,
encontrarse, ya el alma moribunda,
que en el mísero cuerpo quedan fuerzas.

¡Perdóname, oh amor, si no te nombro!
Fuera de tu canción soy ala seca.
La muerte y yo dormimos juntamente...
Cantarte a tí, tan sólo, me despierta.

Constelación de alas

Las más nuevas golondrinas,
las recién consteladas en el tímido universo de mis sueños,
las que no han visto nunca la sensación despedazada,
se han tendido a mirarte en la marea sobremarina de mi vida
donde eres único tripulante.

Ya de tenerte tanto como un río perdido por entre mi ternura
el sueño me comienza en tu mundo indefenso a la invasión
 alada de mi espíritu.

Mis golondrinas bebieron en el redondo amanecer
 de tu canción,
intacta al alba que desplaza mi tonada,
rompieron todas a trinar en mi garganta,
y se fortalecieron en tus ojos para llegar a mí.

Como auroras que sólo se desvisten en las cumbres,
sus alas vienen quedas y mojadas con las primicias del rocío...
Son tan nuevas las últimas golondrinas consteladas
 en mi tímido universo de misterio.
Bandadas de emoción que recorté al pasar por tu camino,
entretenido en trasladarme la canción a la presencia
 de tu sueño blanco.
Como decir tu vida entregándose en alas.
Tan leves a mi alcance,
como el alba que me regalas todas las mañanas
 desde tu suelo amanecido,
agigantado con la ternura mía creciendo en cada anhelo
 inhabitado.

Es un algo de sombra

Como si entre mis pasos se paseara la muerte,
desde el cielo me miran consternados los astros.

Algo esconde paisajes a mis ojos de sueño.
Algo llueve en mi rostro las corolas del llanto.

Algo flota en mi espíritu por encima de tu alma,
algo grave y doliente que destroza mis párpados.

¿Definirlo? Las rosas de mi amor se conmueven,
y no encuentran la nota de la pena en sus labios.

La palabra no puede con mi carga de angustia,
y no cabe en mi verso mi dolor exaltado.

Es un algo de sombra desnutriendo mi vuelo,
un temor de ser poca a la sed de tus brazos,

de perderte una noche desde todas mis alas,
sin un surco en la frente ni un adiós en las manos.

¡Oh la sed infinita de estrecharte y asirte,
de escuchar que en tu vida soy montaña y soy llano,

que si agreste, sintieras un anhelo de selva,
bastaríante los riscos que contienen mis pasos,

que si a tus velas frágiles las destrozara el viento
detendrías tu naufragio en mis lirios mojados,

y si aún fuese la tierra poca senda a tus ansias,
en mi verso de espumas hallarías tu barco.

¡Oh la sed infinita! ¡Oh el temor de perderte!
¡Oh mis ojos, cubridme, rescatadme del llanto!

¡Contempladlo! En sus labios mis sonrisas se baten,
y aún habita en su rostro mi recuerdo más casto.

Ved la huella de estrellas que le enciende la frente,
son las mismas, las mutuas estrellitas de antaño.

¡Perseguidlo! Aún es mío, aún las notas unidas
de su voz y mi poema aletean el espacio.

Aún recorre las nubes recogiendo mis lágrimas,
por quitarle a mi río la ilusión de mi llanto.

Aún se duerme en la noche sobre todas mis risas,
constelando su sueño con mis trinos cerrados.

¡Oh mis ojos! Cerradle los caminos inciertos,
que en las rutas perdidas lo conduzcan mis pájaros.

Poema con destino

Si en este sitio,
en este fijo sitio se detuviera el mundo,
Dios no tendría
que comenzar de nuevo la Creación.

Sólo dejarme, como estoy, soñando
a ser lucero enamorando al sol,
y dejarte en las manos albas libres
para la inmensa siembra de mi amor.

¡Qué mundo forjaríamos del mundo!
¡Qué azul nuestro secreto!
¡Hijos de claridad!
¡Flores de viento!
¡Tierra y agua de amor!
¡Aire de sueño!

Las estrellas
llamaríanle hermano al cementerio,
y nadie encontraría
en el lenguaje la palabra "muerte".

Ni morales ni físicos,
habría más entierros,
y Dios descansaría...
y tendría otro destino el universo.

Segunda parte

Poemas para un naufragio

Poema de la íntima agonía

Este corazón mío, tan abierto y tan simple,
es ya casi una fuente debajo de mi llanto.

Es un dolor sentado más allá de la muerte.
Un dolor esperando... esperando... esperando...

Todas las horas pasan con la muerte en los hombros
Yo sola sigo quieta con mi sombra en los brazos.

No me cesa en los ojos de golpear el crepúsculo,
ni me tumba la vida como un árbol cansado.

Este corazón mío, que ni él mismo se oye,
que ni él mismo se siente de tan mudo y tan largo.

¡Cuántas veces lo he visto por las sendas inútiles
recogiendo espejismos, como un lago estrellado!

Es un dolor sentado más allá de la muerte,
dolor hecho de espigas y sueños desbandados.

Creyéndome gaviota, verme partido el vuelo,
dándome a las estrellas, encontrarme en los charcos.

¡Yo siempre creí desnudarme la angustia
con sólo echar mi alma a girar con los astros!

¡Oh mi dolor, sentado más allá de la muerte!
¡Este corazón mío, tan abierto y tan largo!

Entretanto, la ola

Las sombras se han echado a dormir sobre mi soledad.
Mis cielos,
víctimas de invasoras constelaciones ebrias,
se han desterrado al suelo como en bandadas muertas
        de pájaros cansados.
Mis puertos inocentes se van segando al mar,
y ni un barco ni un río me carga la distancia.

Sola, desenfrenada en tierra de sombra y de silencio.
Sola,
partiéndome las manos con el deseo marchito de edificar
        palomas con mis últimas alas.

Sola,
entre mis calles húmedas,
donde las ruinas corren como muertos turbados.

Soy agotada y turbia espiga de abandono.
Soy desolada y lloro...
¡Oh este sentirse el alma más eco que canción!
¡Oh el temblor espumado del sueño a media aurora!
¡Oh inútilmente larga la soledad siguiendo mi camino sin sol!

Entretanto, la ola,
amontonando ruidos sobre mi corazón.
Mi corazón no sabe de playa sin naufragios.
Mi corazón no tiene casi ya corazón.
Todo lo ha dado, todo...
Es gesto casi exacto a la entrega de Dios.

Entretanto, la ola...
Todo el musgo del tiempo corrompido en un éxtasis
de tormenta y de azote sobre mi ancho dolor.

Tronchadas margaritas soltando sus cadáveres
por la senda partida donde muero sin flor.
Pechos míos, con lutos de emoción, aves náufragas,
arrojadas del cielo, mutiladas, sin voz.

Todo el mundo en mi rostro,
y yo arrastrada y sola,
matándome yo misma la última ilusión.
Soy derrotada...
Alba tanto distante,
que hasta mi propia sombra con su sombra se ahuyenta.

Soy diluvio de duelos,
toda un atormentado desenfreno de lluvia,
un lento agonizar entre espadas perpetuas.
¡Oh intemperie de mi alma!
¡En qué ola sin nombre callaré tu poema!

Lluvia íntima

Las calles de mi alma andan desarropadas.
La emoción va desnuda tras la sombra acostada del anhelo.
Hay vientos azotando cercano a mi conciencia.
El cielo de mi mente amenaza estallar,
para soltar el hondo dolor amontonado en noches inocentes
sobre el otro dolor de ser ola sin playa donde reposar lágrimas

Mi dolor va vendado de llanto entre mis ojos,
busca mares de espíritu donde navegar íntimos
            motivos de tragedia,
quiere crecer, crecer,
hasta doblarme el grito,
y derrumbarme en ecos por la tierra.

Naufragio de un sueño

¡Corre, que se me muere,
que se me muere el sueño!
Tanto que lo cuidamos,
y el pobrecito, enfermo,
hoy me yace en los párpados,
arropado de versos.
¡Corre, que se me muere,
que de avivarle el pecho,
mis ojos ya no pueden
recoger más luceros!
Ya los luceros, tímidos,
se me esconden de miedo,
y a la intemperie, solo,
se matará mi sueño...
Yo lo conozco, amado,
ya me expira en el verso...
¡Corre, que se me muere
y me ha pedido el cuerpo!

Exaltación al hoy

Amor...
única llama que me queda de Dios
en el sendero cierto de lo incierto.

Aquí,
desesperada,
me contemplo la vida en un hueco del tiempo.

Entrecortado pasa el sendero de luz
que esperancé de sueño.

¡Oh mañanas azules que se quedaron muertas,
volando en el espacio!

¡Oh anudada caricia que amaneces dispersa,
cuando despierta el cuerpo!

¡Oh querer desterrarme de mis pasos turbados...!
¡Multiplican en ecos!

Aquí, junto al continuo gravitar de la nada,
¡cómo asaltan mi espíritu los silencios más yermos!

Mi esperanza es un viaje flotando entre sí misma...
Es una sombra vaga sin ancla y sin regreso.

Mis espigas no quieren germinar al futuro.
¡Oh el peso del ambiente!
¡Oh el peso del destierro!

¡Amor...!
Hasta la leve ronda de tu voz perturbada,
me partió la ola blanca que quedaba en mi pecho.

Ya no es mío mi amor

Si mi amor es así, como un torrente,
como un río crecido en plena tempestad,
como un lirio prendiendo raíces en el viento,
como una lluvia íntima,
sin nubes y sin mar...
Si mi amor es de agua,
¿por qué a rumbos inmóviles lo pretenden atar?

Si mi amor rompe suelos,
disuelve la distancia como la claridad,
ataja mariposas al igual que luceros,
y cabalga horizontes como cruza un rosal...
Si el universo es átomo siguiéndome las alas,
¿por qué medirme el trino cuando rompe a cantar?

Si mi amor ya no es mío,
es yo misma borrando las riberas del mar,
yo inevitablemente y fatalmente mía,
germinándome el alma en mis albas de paz...

Si mi amor ya no roza fronteras con mi espíritu,
¿qué canción sin su vida puede ser en mi faz?

¡Si mi amor ya no es mío!
Es tonada de espumas en los labios del mar...

Entre mi voz y el tiempo

En la ribera de la muerte,
hay algo,
alguna voz,
alguna vela a punto de partir,
alguna tumba libre
que me enamora el alma.
¡Si hasta tengo rubor de parecerme a mí!
¡Debe ser tan profunda la lealtad de la muerte!

En la ribera de la muerte,
¡tan cerca!, en la ribera
(que es como contemplarme llegando hasta un espejo)
me reconocen la canción,
y hasta el color del nombre.

¿Seré yo el puente errante entre el sueño y la muerte?
          ¡Presente...!
¿De qué lado del mundo me llaman, de qué frente?
Estoy en altamar...
En la mitad del tiempo...
¿Quién vencerá?
          ¡Presente!
¿Estoy viva?
¿Estoy muerta?
          ¡Presente! ¡Aquí! ¡Presente...!

Dadme mi número

¿Qué es lo que esperan? ¿No me llaman?
¿Me han olvidado entre las yerbas,
mis camaradas más sencillos,
todos los muertos de la tierra?

¿Por qué no suenan sus campanas?
Ya para el salto estoy dispuesta.
¿Acaso quieren más cadáveres
de sueños muertos de inocencia?

¿Acaso quieren más escombros
de más goteadas primaveras,
más ojos secos en las nubes,
más rostro herido en las tormentas?

¿Quieren el féretro del viento
agazapado entre mis greñas?
¿Quieren el ansia del arroyo,
muerta en mi muerte de poeta?

¿Quieren el sol desmantelado,
ya consumido en mis arterias?
¿Quieren la sombra de mi sombra,
donde no quede ni una estrella?

Casi no puedo con el mundo
que azota entero mi conciencia...

¡Dadme mi número! No quiero
que hasta el amor se me desprenda...

(Unido sueño que me sigue
como a mis pasos va la huella.)

¡Dadme mi número, porque si no,
me moriré después de muerta!

Poema de la estrella reintegrada

"Había una vez una estrella
que se murió de puro miedo,
las golondrinas la encontraron,
las margaritas la entreabrieron,
y fué una fiesta en el rocío,
cuando ascendió cantando un verso,
todos los ríos la besaron,
todas las albas la siguieron..."

Eso me dijo la mañana
que se internó por mi sendero,
lo repitió la tarde blanca,
y entre la noche danza en ecos.

Yo sé la historia de esa estrella...
Su caída breve fue en mi pecho
(por poco el mar se enluta todo
con el color de un sueño muerto.)
Pero ya hay fuentes por mi alma,
para mi barco hay marineros,
vuelan gaviotas sobre mi alma,
y hasta en mis ojos hay veleros.

Amo el dolor que se me escapa
por donde viene mi gran sueño...
uno me eleva para el alma,
otro me salva para el tiempo.

¡Dolor y amor! De las estrellas,
juntos bajaron a mi encuentro.
Dos horizontes apretados
que se me funden alma adentro...

"Había una vez una estrella..."
¡Qué inmenso es ser al creerse muerto!

Inclinación al vuelo

¿Partir? ¡Para que lleves una ruta de lágrimas
colgada a la impaciente raíz de tu existencia!
¡Para que se te borren los ojos en las albas
de tanto figurarme jugando entre sus hebras!

¿Partir? ¡Para que el tiempo te encuentre taciturno
sobre unas pocas flores y unas algas enfermas...
—porque si parto quiero unos ojos que miren
con el alma del agua, tengo miedo a la tierra!

¿Partir? ¡Para que nunca tu voz vuelva a pintarme
los paisajes de sueño en que he hundido mi senda,
para que tus dos manos ya no vuelvan a alzarme
a recoger del cielo su cosecha de estrellas!

¿Partir? ¡Para que tumben tu horizonte de trinos,
al saber que se ha muerto tu núbil centinela,
para que vuelva tu alma al polvo del camino,
derrotada y humilde, harapienta y deshecha!

¡No! Yo no quiero el sueño que enamora mi vida
prometiendo a mi espíritu la quietud que él anhela.
Yo no quiero dejarte desnudo a la intemperie
de un planeta gastado, exprimido, y sin fuerzas...

¡Oh lentitud del mar!

He tenido que dar, multiplicarme,
despedazarme en órbitas complejas...
Aquí en la intimidad, conmigo misma,
¡qué sencillez me rompe la conciencia!

Para salvarme el mundo del espíritu,
he tenido que armar mis manos quietas,
¡cómo anhelo la paz, la hora sin ruido,
cuando nada conturbe mi existencia!

Todo soñar se ha muerto en mis pupilas,
a mis ojos no inquietan las estrellas,
los caminos son libres de mi rumbo,
y hasta el nombre del mar, sorda me deja.

¡Y aún me piden canciones por palabras,
no conciben mi pulso sin poemas,
en mi andar buscan, trémulos, los astros,
como si yo no fuese por la tierra!

¡Oh lentitud del mar! ¡Oh el paso breve
con que la muerte avanza a mi ala muerta!
¿Cómo haría yo para salvarte el tiempo?
¿Qué me queda del mundo? ¿Qué me queda...?

¡Oh mar, no esperes más!

Tengo caído el sueño,
y la voz suspendida de mariposas muertas.
El corazón me sube amontonado y solo
a derrotar auroras en mis párpados.
Perdida va mi risa
por la ciudad del viento más triste y desvastada.
Mi sed camina en ríos agotados y turbios,
rota y despedazándose.
Amapolas de luz, mis manos fueron fértiles tentaciones
        de incendio.
Hoy, cenizas me tumban para el nido distante.

¡Oh mar, no esperes más!
Casi voy por la vida como gruta de escombros.
Ya ni el mismo silencio se detiene en mi nombre.
Inútilmente estiro mi camino sin luces.
Como muertos sin sitio se sublevan mis voces.

¡Oh mar, no esperes más!
Déjame amar tus brazos con la misma agonía
        con que un día nací.
Dame tu pecho azul,
y seremos por siempre el corazón del llanto...

Ruta de sangre al viento

Cuando ya no te acunen margaritas
porque me van siguiendo,

cuando pidas al viento por mi nombre,
y el viento haya olvidado hasta mi eco,

cuando yo sea un celaje cruzando tu memoria,
¿con qué amor cuidarás las almas de mis versos?

¿Con el amor de ave que siguió mis mañanas,
cuando encontré mi trino rodando por tus vuelos?

¿Con el amor de agua que desplazó mi angustia,
cuando mis olas tímidas te surcaron el sueño?

¿Con el amor callado de embelesos y de éxtasis
con que amaste en las noches mis ensueños viajeros?

¿Con el amor de espiga que desafió corrientes,
y me hincó en los picachos alados, junto al cielo?

¿Con el amor pequeño, descuidado y ausente
con que amaste mis juegos infantiles y tiernos?

¿Con cuál amor, tus manos tomarán blandamente,
el cuerpecito inmóvil de tu triste recuerdo?

¿Le hablarás de mi rostro
a los callados versos?

¿Le dirás que me viste abriéndoles la vida
sobre un lecho de olas y fantásticos remos?

¿Le enseñarás la huella de pájaros y trinos
que conmigo en las alas, inundaron tu pecho?

¿Le regarás el ansia de besarme los ojos,
con la imagen en risas de mi último ensueño?

¿Le ocultarás la historia
que tumbó mi velero?

¿O llevarás sus almas a una tumba de nubes
que conmigo llegaron y conmigo se fueron?

¡Si tus ojos se quedan a espiarme en las cumbres!
¿Con qué amor, amor mío, cuidarás de mis versos?

Poema para las lágrimas

Como cuando se abrieron por tus suelos mis párpados,
rota y cansadamente, acoge mi partida.

Como si me tuvieras nadando entre tus brazos,
donde las aguas corren dementes y perdidas.

Igual que cuando amaste mis ensueños inútiles,
apasionadamente, despídeme en la orilla...

Me voy como vinieron a tus vuelos mis pájaros,
callada y mansamente, a reposar heridas.

Ya nada más detiene mis ojos en la nube...
Se alzaron por alzarte, y ¡qué inmensa caída!

Sobre mi pecho saltan cadáveres de estrellas
que por ríos y por montes te robé, enternecida.

Todo fué mi universo unas olas volando,
y mi alma una vela conduciendo tu vida...

Todo fue mar de espumas por mi ingenuo horizonte...
Por tu vida fue todo, una duda escondida.

¡Y saber que mis sueños jamás solos salieron
por los prados azules a pintar margaritas!

¡Y sentir que no tuve otra voz que su espíritu!
¡Y pensar que yo nunca sonreí sin su risa!

¡Nada más! En mis dedos se suicidan las aves,
y a mis pasos cansados ya no nacen espigas.

Me voy como vinieron a tu techo mis cielos...
fatal y quedamente, a quedarme dormida...

Como el descanso tibio del más simple crepúsculo,
naturalmente trágico, magistralmente herida.

Adios. Rézame versos en las noches muy largas...
En mi pecho sin lumbre ya no cabe la vida...

Letanía del mar

Mar mío,
mar profundo que comienzas en mí,
mar subterráneo y solo
de mi suelo de espadas apretadas.
Mar mío,
mar sin nombre,
desfiladero turbio de mi canción despedazada,
roto y desconcertado silencio transmarino,
azul desesperado,
mar lecho,
mar sepulcro...

Azul,
lívido azul,
para mis capullos ensangrentados,
para la ausencia de mi risa,
para la voz que oculta mi muerte con poemas.

Mar mío,
mar lecho,
mar sin nombre,
mar a deshoras,
mar en la espuma del sueño,
mar en la soledad desposando crepúsculos,
mar viento descalzando mis últimos revuelos,
mar tú,
mar universo...

Poema con la tonada última

¿Qué a dónde voy con esas caras tristes
y un borbotón de venas heridas en mi frente?

Voy a despedir rosas al mar,
a deshacerme en olas más altas que los pájaros
a quitarme caminos que ya andaban en mí como raíces...

Voy a perder estrellas,
y rocíos,
y riachuelitos breves donde amé la agonía que arruinó
        mis montañas
y un rumor de palomas
especial,
y palabras...

Voy a quedarme sola,
sin canciones, ni piel,
como un túnel por dentro, donde el mismo silencio
        se enloquece y se mata.

Tercera parte

Otros poemas

Más allá del mar

Por encima del mar
por sobre tus miradas tú.

Montaña estremecida en mi
sollozo
y en mi no ser
y en el cósmico con doble instante
donde tú eres paloma
y manantial,
y risa,
y navío de olas no nacidas
y tripulante y todo...

Así, gimiente, ardiente caracol de sonidos,
desconocido de la paz
y de la lumbre
y del vacío
y de toda posible dimensión presente.

Así, árbol querido y apetecido del dolor
te busco y te apetezco
solo y gimiéndote.
Sombra salida de mi sombra
tú, para mi sonido,
quizás para mi muerte
tú, amor siempre distante,
tú, corazón destrozado
de tanto amarme
tú, manantial cansado
de tanto reposarme
en tu sonrisa.

Poema para tu soledad sin sonido

Multipresente.
Unica.

Unico en mí.
Y en la terrible soledad que
espanta toda piedra,
cuando no estoy....

Unico en mi aletear sin voces de
golondrinas falsas.

Unico
en la memoria de un sueño
no vivido.

Unico
en la agonía de un dolor mutuo
y único.

Unico en ti
y en mí,
desoladoramente.

Unico hasta en el mar
prestado a mi silencio.

Para tu soledad
desaté la distancia de tu
vida y la mía
y estoy en ti,
viva
y multipresente.

Poema del hijo no nacido

Como naciste para la claridad
te fuiste no nacido.

Te perdiste sereno,
antes de mí,
y cubriste de siglos
la agonía de no verte.

No quisiste la orilla de la angustia
ni el por qué de unas horas que pasan lentamente
en la vida,
sin dejar un sollozo,
ni un recuerdo,
ni nada.

No quisiste la aurora.
Ni quisiste la muerte.
Rechazaste el olvido,
y en la flauta del aire avanzaste perpetuo.

No quisiste el amor en féretro de olas
ni quisiste el silencio que deja el túnel breve
donde ha dormido el hombre.

Tuyo, inmensamente tuyo,
como naciste para la claridad
te fuiste no nacido,
nardo entre dos pupilas que no supieron nunca
separar el eco de la sombra.
Manantial sin rocíos lastimeros,
pie fértil caminando para siempre en la tierra.

Media tarde

Media tarde
sollozos de piedra y de cauces
remotos a mi alrededor.

Media tarde
Nueva York, contemplaba su
feria de verano.
El alma contemplaba su verdad
en la sincera y única
inimitable verdad de su presente.
Una paloma huía su siempre
vivo y tierno y difunto quejido
lastimero.

Aquí soy yo,
y eres tú en mi tristeza
conmigo en la solemne claridad del relámpago
que no comprende nadie,
en la siempre vestida ausencia de toda maravilla
que no sea nuestro nombre
y nuestro nido
a veces desparramado por
las ramas del aire.

Y tú, retamo enternecido
en mi agonía
desde que me sufriste,
y tú, ala del trino,
canción sin puerto abierto sino para buscarlo,
estás aquí, en mi piel,
como un "moriviví"
o como un ala rota de un misterio presente

renovando,
recomponiendo,
reviviendo,
reamando tus vuelos intercósmicos
que sólo dicen
        "Tú".

Poema con un solo después

Era una rama verde la inmensa soledad...
De ella salían nidos buscando ruiseñores,
pies aplastando pétalos
y rubios cementerios inclinándose al cielo...

Yo nada más alzaba los tímidos cadáveres...
Yo nada más caía gota a gota a la nada,
mientras un ojo abierto de tentación suicida
acechaba mi alma entre mi carne frágil.

Por poco pierde el aire su dimensión más alta.
Por poco el sol se cae de angustia en la tiniebla.
Por poco el mar se esconde para siempre en su fondo.

Pero volvió la risa en dulce serenata
de saberse más blanca.
La tierra se refugia en todas sus auroras
y me ofrece infinitos donde expira el sollozo.

Retorno

Indefinidamente,
larga de sombra y ola,
quemada en sal y espumas y calaveras imposibles,
se me entristece la tristeza;
la tristeza sin órbita que es mía desde que el
mundo es mío,
desde que ardió la tiniebla
anunciándome,
desde que se hizo mío el motivo inicial
de todo llanto.

Como que quiero amar
y no me deja el viento.
Como que quiero retornar
y no acierto el porqué, ni adonde vuelvo.
Como que quiero asirme a la ruta del agua,
y toda sed ha muerto.

Indefinidamente...

¡Qué palabra más mía;
qué espectro de mi espectro!
Ya no hay ni voz,
ni lágrimas,
no hay espigas remotas;
no hay naufragios;
no hay ecos;
ni siquiera una angustia;
¡hasta el silencio ha muerto!

¿Qué dices, alma, huirme?
¿A dónde llegaré donde no esté yo misma
tras mi sombra?

Voces para una nota sin paz

*(Para Julia de Burgos
Por Julia de Burgos)*

Será presente en tí tu manantial sin sombras.
Estarás en las ramas del universo entero.
Déjame que te cante como cuando eras mía
en la llovizna fresca del primer aguacero.

Tu mano en semi-luna, en semi-sol y en todo
se refugiaba núbil, sobre la mano mía.
Porque yo te cuidaba, hermanita silvestre
y sabes que lloraba en tus claras mejillas.

Será presente en tí tu manantial sin sombras.
Estarás en las ramas del univero entero
Pero ¿dónde dejaste tu paz? —En cada herida—
me contestan tus ojos anegados por dentro.

Déjame que te cante como cuando eras mía,
hermanita silvestre, como cuando trepamos
el astro que salía a dormir soledades
entre nuestras pupilas destiladas de amor.

Déjame que te cante como cuando eras mía,
y era paz el silencio de mi profunda ola,
y era paz la distancia de tu
nombre y mi nombre
y era paz el sollozo de la muerte que espera.

Será presente en tí tu manantial sin sombras.
Estarás en las ramas del universo mío
y todas las estrellas se bajarán cantando
la canción del espacio refugiada en un río.

Te llevarán

Para ese día de sombra que llegará, amor mío,
como risco volcado dentro de un manantial,
para ese día de espanto y pañuelos al viento
cantemos desde ahora, que la vida se va.

Cantemos, sí cantemos, que al cantarle al silencio,
a la sorda derrota y a la impar soledad,
venceremos la muerte, venceremos la nada,
y a la cumbre del tiempo nuestras almas irán.

Cantemos, sí, cantemos que hay un solo minuto
uno solo aguardando nuestro mundo cruzar:
ese minuto trágico que hace tiempo nos ronda
con su oferta de lágrimas y mañanas sin paz.

¡Te llevarán! Los ecos del viento me lo dicen,
los labios del mar lloran que sí. ¡Te llevarán!
Partirás, y mis ojos que tanto te nutrieron,
bajarán quedamente a nutrir a la mar.

Podrás amarme en sueños, pero mi voz, mi risa,
mis ojos con riachuelos, de tí se ocultarán.
Puede estrecharte el eco que ha estrechado mi nombre
desde mis labios, ¡nunca mis labios besarás!

Y cuando se alce el ruido marino, entre las noches
apagadas y crueles de tu pena inmortal,
mi fiel camino de olas llevará hasta tu sueño
la ternura que mi alma te ha salvado del mar.

Amado, mis verdugos ya me han medido el paso,
el color de mis huellas conocen, y mi ajuar:
el pudor duerme nupcias eternas con la forma;

hacia el alma es muy largo el camino que andar.

¡Te llevarán! Para esa eternidad de llanto
cantemos desde ahora que la vida se va.
Para ese día de espanto y pañuelos al viento
la canción de la muerte nos llegará del mar.

¿Y...?

¿Y si dijeran que la vi llorando
sobre la piedra dura, y la más fértil?
¿Y que el alba se aisló para besarla
de toda nube, de todo muerto caracol,
de toda rama errante?

Pasaba el río, sonriente de verla amanecer
con un viaje de estrellas en el pecho.
Pasaba la distancia de un mar remoto aún.

Pasaba cierta,
determinada y
especial tristeza
pronunciando futuros.
Pasaba Dios descalzo
amándola
como una maravilla de angustias.

¿Y si dijeran que la vi llorando
sobre la piedra dura y la más fértil?

Fué allá sobre los cerros;
mirando el siempre azul de la montaña,
donde me dió su sed entre sollozos
su sed de ríos, de mar y de cascadas,
y de un Dios vivo,
simple, como el sencillo caracol no muerto.

¿Y si dijeran que la vi llorando
con las lágrimas,
y que determinada
especial, y en tristeza

vi mi sombra llorando también
entre su sombra?

Eramos tres

Eramos tres...
Una naciendo de una espiga
Una rompiendo de un alboroto
trágico de fórmulas.

Una amontonando el corazón de Dios
para darle justicia al universo.
Una recogía estrellas.
Una era feria triste de retazos azules.
Una sabía crecer sobre su nombre
desde un maligno eco.

Eramos tres...
ausentes,
taciturnas,
como tres barcos anegando un puerto.

Hoy, sollozantes,
trémulas,
presentes,
somos, redescubiertas,
una misma,
somos la dura esfinge de la angustia,
somos el alma viva del silencio.

¿Milagro yo?

Llovizna caída gota a gota
para mirar sepulcros.
¡Quién no dijera viento!
¡Quién aupara mis brazos sobre la soledad,
hasta dejarme quieta como ausente reflejo,
allá donde no es nada,
ni habita la nostalgia,
ni solloza el adiós de un amor moribundo!
Soy
dilatada tonada de un amor que no es mío.
Quiero
crecer de pies adentro
desterrada de todo,
agonizar lo inútil que en cada vida vive,
y golpea y moribunda reverdece feroz,
para la angustia.
Ecuación de las olas y del aire remoto
permanezco,
redonda, en el abismo donde caen las estrellas.
Permanezco
perennemente yo,
como un agonizar perpetuo de mí misma
sin escalas ni voz para escucharme.
Quiero
despiertamente,
sin piedad,
con un dulce reposo sin reposo,
irme perdiendo sola entre todos los ecos
y que entre grito y grito,
haya,

una callada ausencia de distancias
para abrirme los brazos a la nada.

Tres caminos

Tres caminos me duelen...
Tú,
mi madre
y el río.
Una dulce sonrisa se hizo
horizonte triste
en mi cielo angustiado
desde que Ella partió
inocente y feliz hacia su alba perpetua.

Tú te tragaste el grito
de mi existencia cósmica,
con capullos,
palomas y rocíos, y lastimantes
lágrimas
y tal vez una sombra de mis voces felices.

Entre mi soledad desarropada,
tú,
nostalgia incansable de ayeres
y futuros,
sólo entre sombra y eco,
labio del infinito que te inundas
profundo
en el azul que es mío.
Tú.
solamente tú,
Río Grande de Loíza,
podrás darme la risa para
el camino eterno,
allá, bajo tus aguas.

Nada soy

Nada soy para tí, que me llevas de niña
en la tristeza azul de tu nostalgia.
Nada para la niña ausente
que nutriste de risas y de lágrimas.

Nada para su soledad,
su soledad solemne de camándula;
nada para su corazón de tierra,
donde llora un "coquí" recién nacido,
y un niño que no avanza.

Nada para su azul perpetuo
donde duermen sus lágrimas.
Nada desde el silencio que la borra
como se borra el agua.

Nada desde el espejo de tus ojos
que estallaron de amor sobre mi alma.

Nada desde la rosa que me huye
de tu tierna caricia desolada.

Nada desde tí mismo en agonía
para la muerte breve de mi alma.

Partir

Partir sobre un guijarro
no es partir,
es dolorosamente la ausencia de la nada.

Separarse de todo lo que existe,
inevitablemente confundirse
con el más grande y único silencio.

Sin embargo partir,
separarse de todo lo que existe
es eco
y corazón
y verdad sin distancias
entre tú
y mi lluvia de hojas angustiadas.

Y no sabemos la palabra
¿por qué?
Como en la claridad se van durmiendo lirios
y a veces en la ola
se oye el sollozo del mar eternizándose,
sabemos
tú,
y mi corazón,
y mi eco inevitable
que es verdad sin distancias,
la palabra "partir".
Por allá dice el viento
borrado en una lágrima:
"¿Qué canción quedó muda;
por qué?"

Desde adentro

Es un lamento.
Es un grito sin lágrimas.
Desde adentro.
Desde el fondo de todo lo inevitable.
Desde el sollozo en espiral de espadas.
Desde la rama trágica
de un silencio perfecto.
Desde el azul caído
en los pies de la noche.
Desde la tempestad de
un sueño solitario.
Desde tí
y desde mí
grita un lamento
sin lágrimas
diciendo
¡Adiós!

Poema para mi muerte

Ante un anhelo

Morir conmigo misma, abandonada y sola,
en la más densa roca de una isla desierta.
En el instante un ansia suprema de claveles,
y en el paisaje un trágico horizonte de piedra.

Mis ojos todos llenos de sepulcros de astro,
y mi pasión, tendida, agotada, dispersa.
Mis dedos como niños, viendo perder la nube
y mi razón poblada de sábanas inmensas.

Mis pálidos afectos retornando al silencio
—¡hasta el amor, hermano derretido en mi senda!—
Mi nombre destorciéndose, amarillo en las ramas,
y mis manos, crispándose para darme a las yerbas.

Incorporarme el último, el integral minuto,
y ofrecerme a los campos con limpieza de estrella
doblar luego la hoja de mi carne sencilla,
y bajar sin sonrisa, ni testigo a la inercia.

Que nadie me profane la muerte con sollozos,
ni me arropen por siempre con inocente tierra;
que en el libre momento me dejen libremente
disponer de la única libertad del planeta.

¡Con qué fiera alegría comenzarán mis huesos
a buscar ventanitas por la carne morena
y yo, dándome, dándome, feroz y libremente
a la intemperie y sola rompiéndome cadenas!

¿Quién podrá detenerme con ensueños inútiles
cuando mi alma comience a cumplir su tarea,
haciendo de mis sueños un amasijo fértil

para el frágil gusano que tocará a mi puerta?

Cada vez más pequeña mi pequeñez rendida,
cada instante más grande y más simple la entrega;
mi pecho quizás ruede a iniciar un capullo,
acaso irán mis labios a nutrir azucenas.

¿Cómo habré de llamarme cuando sólo me quede
recordarme, en la roca de una isla desierta?
Un clavel interpuesto entre el viento y mi sombra,
hijo mío y de la muerte, me llamarán poeta.

OTROS LIBROS PUBLICADOS:

La composición tipográfica de este volumen se realizó en los talleres de Ediciones Huracán, Inc., Ave. González 1002, Río Piedras, Puerto Rico. Se terminó de imprimir el día 5 de noviembre de 1981 en George Banta Co., Virginia, U.S.A.
La edición consta de 5,000 ejemplares.